DES
SINISTRES OCCASIONNÉS

PAR
LA GUERRE

EXTRAIT DU *JOURNAL DES ASSURANCES*

N° D'AOUT 1871)

Publié par M. BADON-PASCAL, avocat

Prix : 1 franc.

PARIS

LIBRAIRIE DE LA COUR DE CASSATION	LIBRAIRIE DES ASSURANCES
COSSE, MARCHAL & BILLARD	**ARMAND ANGER**
PLACE DAUPHINE, 27.	RUE LAFFITTE, 48.

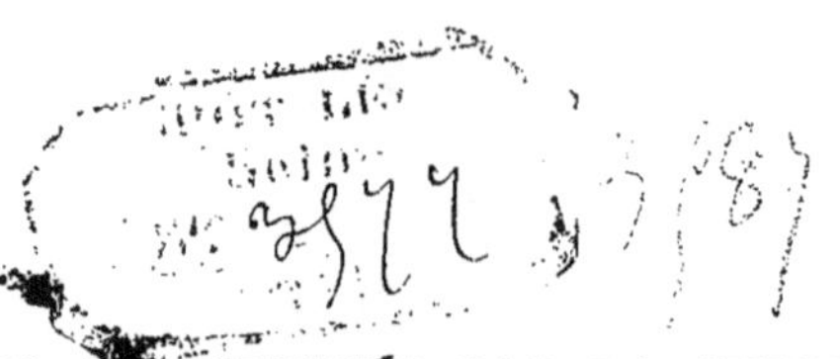</p>

COUR D'APPEL DE BESANÇON (1re chambre).

Présidence de M. Loiseau.

Audience des 26 et 28 juin 1871.

SINISTRE DE GUERRE. — INCENDIE DE BATIMENTS OCCUPÉS PAR L'ENNEMI. — EXPERTISE. — CAUSE ET ORIGINE DE L'INCENDIE.

CHAILLET ET OUDOT C. LE PHÉNIX.

« L'armistice du 28 janvier n'était pas applicable au département du Doubs. L'ennemi poursuivait l'armée du général Bourbaki et investissait la place de Besançon, dont il se préparait à faire le siége. Il entra, le 2 ou le 3 février, dans la ville d'Ornans, et ferma ainsi, à une distance de 20 kilomètres de la place, la seule route qui lui permettait encore de communiquer avec les contrées épargnées par la guerre.

« En vertu du droit du plus fort, l'ennemi se répandit dans les maisons particulières. Huit ou dix soldats prussiens et un capitaine se trouvaient dans la maison du sieur Chaillet ; dix-huit chevaux prussiens occupaient l'écurie, ainsi qu'une vache appartenant au propriétaire, lorsque le feu éclata, le 6 février, vers six heures et demie du soir, dans l'écurie, paraît-il. Six chevaux périrent dans les flammes. Les maisons Chaillet et Oudot furent consumées. Elles étaient assurées à la Compagnie du *Phénix*. Chaillet et Oudot assignent la Compagnie. — Jugement qui commet des experts pour estimer le dommage et les autorise à rechercher la cause et l'origine de l'incendie.

« Appel par Chaillet et Oudot.

« La Cour de Besançon a rendu l'arrêt suivant :

« LA COUR :

« Considérant que la responsabilité à la charge de l'assureur,
« d'après le contrat d'assurance, embrasse tous les cas non
« formellement exceptés ; que les exceptions doivent toujours
« s'interpréter restrictivement ; que les appelants ont donc
« droit à garantie lorsqu'elle ne leur est pas refusée par une

« clause claire et précise ; que s'ils doivent, comme deman-
« deurs, prouver le sinistre, la Compagnie, devenue demande-
« resse, est chargée de la preuve dans son exception ; que la
« rédaction de la police est son œuvre personnelle ; qu'elle est
« tenue, comme le vendeur, suivant l'article 1602 du Code
« civil, d'expliquer clairement la portée de ses obligations,
« sous peine de voir interpréter contre elle toute clause obscure
« ou ambiguë ;

« Considérant, du reste, que, dans l'intention des parties,
« l'exception mentionnée à l'article 2 de la police pour les
« incendies occasionnés par la guerre *n'a pu s'entendre* que
« du risque ayant pour cause directe un fait matériel de
« guerre, un conflit quelconque entre belligérants, et non pas
« des événements qui, même accomplis pendant l'état de
« guerre, ne sont pas le résultat d'opérations militaires ;

« Que comprendre dans cette exception tout sinistre se rat-
« tachant même indirectement à la guerre, serait lui donner
« une portée contraire aux prévisions de la clause et à la volonté
« des parties ;

« Que les articles 6, 7 et 8 de la police, invoqués par la com-
« pagnie et inapplicables à la cause, ont pour objet de prescrire
« certaines formalités à l'assuré en cas de changement volon-
« taire permanent et de nature à aggraver les risques ;

« Qu'on ne saurait les étendre à des modifications involon-
« taires et accidentelles, notamment à l'augmentation tempo-
« raire et forcée du nombre des habitants, étrangers ou non,
« se trouvant dans l'immeuble assuré ;

« Qu'il est vrai qu'au moment de l'incendie du 6 février
« dernier, l'armistice ne comprenait pas le département du
« Doubs et laissait subsister l'état de guerre dans ce pays ;
« mais que les troupes françaises avaient complétement évacué
« la ville d'Ornans et les environs ;

« Que l'ennemi avait occupé cette ville sans combat ;

« Qu'il n'y avait eu de part ni d'autre aucun trait d'hostilité ;

« Que l'incendie dont s'agit n'a pu avoir pour cause un fait
« de guerre ; que l'ennemi s'était installé dans la maison
« Chaillet ; qu'un capitaine y avait pris logement avec huit ou
« dix soldats ; qu'en outre dix-huit chevaux leur appartenant
« occupaient l'écurie, et que, cinq de leurs chevaux étant

« restés dans les flammes, on ne peut supposer que ces soldats
« aient été la cause volontaire du sinistre dont ils ont été
« victimes ;

« Que, pour établir cette responsabilité, la Compagnie du
« *Phénix* se fondait uniquement, devant les premiers juges,
« sur les clauses prérappelées de sa police, sans articuler aucun
« fait d'imprudence et de négligence dont la preuve, par voie
« d'enquête, pût être ordonnée ; que, la prétention de la
« compagnie n'étant pas fondée, il ne restait plus qu'à faire
« constater par experts l'importance du préjudice ; que c'est
« donc à tort que les premiers juges les ont en outre chargés
« de rechercher la cause ou l'origine du sinistre ;

« Que, d'ailleurs, une telle mission, avec les pouvoirs
« donnés aux experts, n'était pas une simple expertise confiée
« à des hommes de l'art, mais, malgré les précautions indi-
« quées par la sentence, une enquête déguisée devant être
« faite par eux, en dehors de leurs opérations techniques, sans
« aucune articulation préalable de faits et sans garanties
« légales ;

« Qu'il suit de là qu'à tous égards il y a lieu de faire droit
« à l'appel principal, et de rejeter les conclusions principales
« et subsidiaires de l'appel incident ;

« Qu'il devient sans utilité de donner acte à la compagnie
« du *Phénix* des faits énoncés dans ses conclusions ;

« Considérant, sur les dépens, que l'intimée succombe ;
« mais qu'une mesure préparatoire étant ordonnée, il y a lieu
« de réserver une partie des frais ;

« Par ces motifs, la Cour réforme en ce qui va suivre, sur
« l'appel principal, les deux jugements rendus par le Tribunal
« civil de Besançon, le 12 mai 1871 ; dit qu'il n'y a lieu d'ap-
« pliquer au litige l'article 2 de la police d'assurance ; dit que
« les experts nommés par le Tribunal se borneront à procéder
« aux opérations qui leur sont confiées, sans se livrer à aucune
« recherche sur la cause et l'origine de l'incendie du 6 février
« dernier, leur mission étant maintenue pour le surplus ; dit
« qu'ils prêteront serment s'ils n'en sont dispensés ;

« Déboute la compagnie du *Phénix* des conclusions princi-
« pales et subsidiaires de son appel incident ; dit qu'il n'y a
« lieu de lui donner acte des faits inscrits dans ses conclusions ;

« Condamne la compagnie du *Phénix* aux dépens d'appel
« et à la moitié des frais d'instance, dont il sera fait masse,
« l'autre moitié demeurant réservée pour être statué à la fin
« du litige ;

« Ordonne la restitution de l'amende. »

La décision que nous venons de reproduire menace considérablement les intérêts des Compagnies d'assurances, dont les primes peu élevées n'ont eu en vue que les cas ordinaires de sinistre, et n'ont pas été calculées sur des risques de guerre ou d'invasion, puisque les polices les excluent d'une manière formelle.

A la suite de cet arrêt, une consultation a été demandée à M⁰ Champetier de Ribes, un de nos avocats les plus compétents dans ces matières, afin d'avoir une saine interprétation des contrats.

Nous reproduisons dans son entier cette consultation, ainsi que les adhésions de MM. Rousse, bâtonnier de l'Ordre des avocats de Paris et Allou, ancien bâtonnier.

B.-P.

CONSULTATION.

Le soussigné, avocat à la Cour d'appel de Paris, membre du Conseil de l'Ordre,

Vu l'arrêt de la Cour de Besançon, le texte des diverses polices d'assurance et les autres documents communiqués par les compagnies,

Est d'avis des résolutions suivantes :

§ 1ᵉʳ. — *Position des questions.*

La question qui nous est soumise comprend les deux éléments de toute discussion juridique : le *fait* et le *droit*.

Le fait, c'est le cas d'incendie, tel qu'il est décrit et caractérisé dans le mémoire à consulter. — Le droit, c'est le contrat d'assurance réglant les devoirs et les droits réciproques de l'assureur et de l'assuré en présence d'un fait ainsi défini.

Or, si le fait reste invariable dans notre hypothèse, le texte des polices d'assurances varie. On peut, à ce point de vue, ranger ces polices en deux classes. Dans les unes, notamment dans celle du *Phénix*, l'article 2 est ainsi conçu :

« La compagnie ne répond pas des incendies occasionnés « par guerre, par émeute, par un tremblement de terre ou par « un ouragan. »

Il est ainsi conçu dans les autres :

« La compagnie ne répond pas des incendies occasionnés « par guerre, invasion, émeute, force militaire quelconque, « volcans et tremblements de terre. »

On comprend, à la simple lecture, la différence qui existe entre ces deux textes et la portée de cette différence pour la question qui nous occupe. Il est clair que le premier texte est moins favorable aux compagnies. C'est au point de vue de ce premier texte que nous discuterons d'abord la situation respective des parties. Nous y trouverons ce double avantage : 1° que nous nous placerons, en droit aussi bien qu'en fait, dans l'espèce jugée par l'arrêt que nous avons à apprécier ; et 2° que, si nous parvenons à établir que cette rédaction suffit à dégager la responsabilité de la Compagnie qui l'invoque, nous pourrons conclure *à fortiori* en faveur des autres Compagnies, évidemment protégées par une rédaction meilleure encore et plus explicite dans le même sens.

Voici donc quelle sera la marche de notre travail :

Nous répondrons aux considérations générales placées en tête de l'arrêt de Besançon par d'autres considérations puisées dans les règles du droit et dans les principes mêmes qui ont présidé à la rédaction des polices d'assurance ;

Nous verrons ensuite quelle application doit être faite de ces polices d'assurance au cas spécial qui nous est posé, en nous plaçant, pour cette discussion, en présence de la police signalée comme étant la moins favorable aux prétentions des Compagnies ;

Nous discuterons l'arrêt de Besançon dans ses diverses parties ;

Enfin nous dirons un mot, à titre purement subsidiaire, de la situation particulière des Compagnies qui excipent de polices appartenant à la deuxième catégorie.

§ 2. — *Principes de l'assurance en matière d'incendie.*

L'article 1156 du Code civil, au titre de l'interprétation des conventions, est ainsi conçu : « On doit, dans les conventions, rechercher quelle a été la commune intention des parties contractantes, plutôt que de s'arrêter au sens littéral des termes. »

Nous croyons pouvoir ajouter que quand le sens littéral des termes se trouve en conformité complète avec cette commune intention, il n'y a plus la moindre difficulté pour le juge.

Quelle a donc été la commune intention des parties dans le contrat d'assurance dont on excipe de part et d'autre ? C'est ce qu'il importe avant tout de rechercher.

Nous admettrons volontiers, avec le premier considérant de l'arrêt de Besançon, que chacun des assurés, pris isolément, a une très-faible part dans cette rédaction, et même que, dans l'apparence au moins, la part de la Compagnie est grandement prépondérante. Mais n'est-il pas juste aussi de reconnaître que, dans ce contrat d'assurance aujourd'hui si général et si usuel, le texte des polices, arrêté depuis longtemps et à peu près invariable, est, à proprement parler, une œuvre collective ; que chacun, assuré et assureur, y a, par la force même des choses, contribué dans la juste mesure de ses intérêts ; que s'il est vrai que toutes les polices ont été écrites par les Compagnies, elles ont été, pour une bonne partie, dictées par les assurés eux-mêmes, par leurs besoins, leurs désirs, leurs préférences, alors surtout que la grande concurrence qui existe entre les Compagnies permet à l'assuré de choisir celle qui fait le mieux son affaire et répond le mieux à ce qu'il attend de son assureur ? Si toutes les Compagnies ont, à peu de chose près, adopté des polices identiques, cela ne tient-il pas à ce que les intérêts divergents mis en présence dans le contrat d'assurance se sont depuis longtemps conciliés et coordonnés dans une formule qui résume l'idée dominante des deux parties ?

Or, quelle est cette idée dominante ?

Est-ce l'assurance à la grande aventure, que nous appellerions d'un mot, l'assurance à l'américaine, l'assurance de tout hasard et de tout risque, hardiment affrontée, largement payée, mettant, sans distinction aucune, tous les dangers d'incendie au compte de l'assureur, et lui attribuant, par contre, de larges primes calculées sur les risques de toutes sortes, et qui pourront bien, un jour ou l'autre, à quelque chiffre qu'elles s'élèvent, se trouver insuffisantes en face de certaines éventualités?

Ou bien n'est-ce pas une assurance plus sage, plus réservée, mais aussi plus sûre et moins coûteuse, plus française dans le bon sens du mot, mieux en rapport avec nos saines idées d'autrefois, embrassant moins de périls pour être mieux à même d'y parer quand ils se produisent, étudiant avec soin la matière si délicate des risques, acceptant ceux qui se produisent habituellement, donnant à ceux-là une garantie complète qui suffit à la tranquillité du père de famille placé dans les conditions ordinaires, rejetant avec soin les autres risques, trop périlleux pour l'assureur, ou comme pouvant faire augmenter le taux de la prime sans compensation réelle pour l'immense majorité de ses assurés ; régularisant le risque, et, par là, réduisant le taux de la prime, de telle sorte que chaque restriction dans l'un de ces éléments correspond immédiatement à une réduction équivalente dans l'autre, et que les assurés profitent au moins autant que les assureurs eux-mêmes de ce régime de modération et de sage réserve adopté par les Compagnies?

C'est ainsi que le taux des assurances est progressivement descendu au chiffre le plus minime. C'est surtout le père de famille qu'on assure. Or le père de famille qui, chaque année, voit revenir périodiquement l'échéance de sa prime, peut bien consentir à s'imposer ce sacrifice en vue des périls qui le touchent et qui lui semblent prochains. Il ne consentirait jamais à faire entrer les autres en ligne de compte. Il ne s'en préoccupe pas pour lui-même; il trouverait trop dur de les payer pour autrui. Aussi s'abstient-on de les lui faire payer, et pour cela l'assureur commence par s'en affranchir; car, ce qu'il importe de bien comprendre, c'est que tous les risques mis au compte de l'assureur, c'est l'assuré lui-même qui les supporte par une augmentation correspondante de la prime qu'il paye. C'est là ce qui fait du contrat d'assurance contre l'incendié, de préférence aux autres contrats de même nature, le plus sûr, le plus sage et le mieux équilibré de ces contrats aléatoires, peut-être aussi le plus moral; et c'est ce caractère de sagesse, qui fait sa force et sa solidité, qu'il importe de lui maintenir par-dessus tout.

Aussi nous voyons dans toutes les polices d'assurances, et notamment dans celle du *Phénix*, que l'assuré doit (article 6) déclarer, sous peine de déchéance, si les objets assurés lui appartiennent en totalité ou en partie; qu'il doit (article 7) déclarer, sous la même pénalité, au cours de la police, s'il tombe en état de suspension de payement ou de faillite; qu'avant de faire subir le moindre changement aux objets assurés, il est tenu (article 8) d'en faire la déclaration, et qu'à chacune de ces notifications d'un fait qui change les conditions du risque, la Compagnie se réserve le droit de résilier le contrat d'assurance.

Cela tient à ce que l'assureur, ayant établi son calcul sur le minimum des risques ordinaires, entend, comme c'est son droit incontestable, que ce minimum de risque soit maintenu.

Du reste, ces principes ressortiront avec plus d'évidence de l'application particulière qui en sera faite dans un instant au cas qui nous occupe et aux clauses des polices d'assurance qui concernent ces faits. Ce que nous tenons à constater quant à présent, c'est qu'on raisonne mal quand on reproche, en thèse générale, aux Compagnies d'assurer le moins qu'elles peuvent, en percevant les primes les plus fortes qu'elles peuvent, que c'est là une fausse appréciation et une injustice; que les Compagnies assurent, au contraire, les risques qu'on leur paye; qu'elles ont le droit et le devoir de réserver certains risques accidentels, en modérant par cela même le taux de la prime ordinaire, et qu'il faut, dès lors, bien prendre garde de ne pas accorder aux assurés, au delà de la garantie promise et par eux payée, une garantie qu'on ne leur a pas promise et qu'ils n'ont pas payée.

§ 3. — *Application de ces principes aux risques de guerre.*

Appliquons ces principes aux risques d'incendie qui proviennent de la guerre. Seront-ils facilement et de droit com-

mun compris dans les risques que l'assureur se propose de
garantir ? Évidemment, non ! Le cas de guerre est un cas
spécial, anomal, offrant à la matière des assurances des conditions tout à fait différentes des conditions ordinaires, échap-
pant à toutes les appréciations qui règlent d'ordinaire l'éva-
luation de la prime. Pour l'assuré, c'est un fléau d'un ordre
particulier, rare, par bonheur, et qui échappe à ses prévisions
par cela même qu'il les dépasse. L'homme se sent désarmé et
impuissant en présence d'une telle calamité, dont il lui est
impossible de mesurer les conséquences et d'arbitrer les périls.
Il se soucie peu de payer plus ou moins cher une garantie à
l'efficacité de laquelle il ne croit pas. Et d'ailleurs ces risques
ne sont-ils pas l'objet de dispositions légales particulières, soit
de la part des communes, en cas de guerre intérieure, soit de
la part de l'État, en cas de guerre extérieure ? Il y a là pour
l'assuré des raisons de toute sorte pouvant distraire ces risques
du contrat d'assurance qu'il s'impose. Pour l'assureur, c'est
bien autre chose : toute l'économie de son système d'assurance
répugne à ce genre d'opérations. Ce serait le renversement
absolu des règles de prudence et de modération qu'il s'est
imposées aussi bien dans l'intérêt de ses assurés que dans son
intérêt à lui-même. Au lieu de risques permanents, divisés,
soumis à une sorte de régularité périodique, offrant d'une
année sur l'autre des variations peu sensibles qu'un fonds de
réserve suffit à couvrir et à équilibrer, il se trouverait en présence de risques énormes, succédant à de longues années de
sécurité, s'étendant sur toute une contrée, renversant tous les
calculs, dépassant toutes les prévisions, épuisant tous les fonds
de réserve, mettant en péril, à un moment donné, la prospé-
rité la mieux établie. De plus, l'état de guerre enlève aux
Compagnies d'assurances toutes les garanties particulières qui
leur sont précieuses et sur lesquelles elles ont compté pour la
fixation de leur tarif. C'est ainsi qu'elles ne soumettent pas à
une même taxation les villes et les campagnes, ou même telle
ville ou telle autre ville, à raison du secours particulier qu'on
trouve dans l'une et que l'autre ne présente pas, et parce que
la surveillance est plus facile sur un lieu que sur un autre.
Comment donc, en présence de la guerre et de la désorgani-
sation sociale qui en résulte, la situation prévue par les Com-

pagnies pourrait-elle leur être maintenue? Elles ont le droit d'exercer sur leurs assurés une surveillance réelle, *avant*, *pendant* et *après* le sinistre. Comment cette surveillance s'exercera-t-elle? Ne vaut-il pas mieux, à tous égards, aussi bien dans l'intérêt de l'assuré que de l'assureur, rejeter le risque de la guerre, en faire, au besoin, l'objet d'un pacte spécial et distinct, comme le fait, par exemple, la Compagnie du *Soleil*, dans les polices de laquelle nous lisons un article ainsi conçu :

« La Compagnie répond, conformément à ses statuts, au
« moyen d'un fonds de prévoyance spécial, des incendies
« causés par faits de guerre, émeutes et explosions de pou-
« drières; mais l'assurance de ces risques exceptionnels est
« soumise à des règles particulières, et elle ne peut être sous-
« crite que par une police revêtue des signatures du directeur
« général et d'un administrateur de la Compagnie. »

Quant aux sept Compagnies d'assurances dont nous avons les polices sous les yeux, elles ont évidemment, d'accord en cela avec leurs assurés, entendu exclure de leurs contrats les risques de guerre. Dans quels termes l'ont-elles fait? Je ne prends quant à présent que la police du *Phénix*, laquelle est ainsi conçue :

« ART. 2. La Compagnie ne répond pas des incendies occa-
« sionnés par guerre, par émeute, par un tremblement de
« terre et par un ouragan. »

Que faut-il entendre par ces paroles : « Les incendies occa-sionnés par guerre? » Évidemment tous ceux dont la guerre a été soit la cause directe ou efficiente, soit même l'occasion certaine et *sine quâ non*; tous ceux, enfin, qui proviennent de la guerre, qui en constituent un des épisodes ordinaires, et qui, pour tout dire en un mot, ne se seraient pas produits si la guerre n'avait pas eu lieu.

Aux termes de la police que nous apprécions, l'état de guerre ne suspend pas l'assurance ; il la laisse subsister comme elle existait avant la guerre, garantissant les risques ordinaires d'incendie ; mais le supplément des risques apportés par la guerre, ces risques si fréquents, si irrésistibles, si redoutables, qui exigent à eux seuls une garantie spéciale que peu de

Compagnies affrontent et que très-peu d'assurés réclament, notre police les laisse entièrement en dehors.

Dès lors la situation respective des parties se trouve, en cas de guerre, très-nettement définie. Si un incendie survient au cours de la guerre et sous le coup de l'occupation qui en est la suite, il s'agira de savoir sérieusement et de bonne foi si cet incendie peut être attribué aux risques ordinaires de la propriété assurée, ou s'il doit être considéré comme ayant été occasionné par la guerre. A la charge de qui sera cette double preuve? Nous n'hésitons pas à penser que, quand l'assureur aura établi les faits de guerre ou d'occupation, quand il aura constaté que c'est pendant la dépossession violente du propriétaire au profit de l'envahisseur que l'incendie a éclaté, il aura, quant à lui, fait la preuve complète. En dehors des circonstances de fait, variables à l'infini et propres à chaque espèce, la question se réduit pour nous, en thèse générale, au point de savoir qui, du propriétaire ou de l'envahisseur, occupait en maître la maison incendiée. Si c'était le propriétaire, c'est lui qui est présumé responsable, sauf la preuve contraire, et l'assurance couvre cette responsabilité. Si c'était l'envahisseur, c'est sur lui que tombe la présomption de responsabilité, et l'assurance alors est déchargée, car elle ne répond pas de l'envahisseur.

Appliquons ces principes à notre espèce :

MM. Chaillet et Oudot sont propriétaires à Ornans. Leurs maisons sont contiguës ; tous deux sont assurés par le *Phénix* aux conditions ordinaires de l'assurance.

Survient la guerre. La petite ville d'Ornans est envahie par les Prussiens. M. Chaillet en a huit ou dix pour sa part, et dix-huit chevaux prussiens occupent son écurie. C'est dans ces conditions que le feu éclate dans cette écurie et dévore la maison Chaillet, avec la maison Oudot par surcroît. C'est ainsi que, dans une seule contrée et dans un court espace de temps, les incendies se sont multipliés plus que dans le cours d'une année entière et sur toute l'étendue du territoire. Le fait patent, incontestable, incontesté, c'est que ce sont les Prussiens qui ont occasionné l'incendie. Est-ce là, nous ne dirons pas un fait de guerre, mais, dans les termes mêmes du contrat, un incendie occasionné par la guerre? Qui en pourrait douter?

Le contrat, remarquons-le bien, ne distrait pas seulement de l'assurance les incendies qui proviennent d'un fait de guerre. Ces termes, s'ils étaient employés, pourraient prêter à l'équivoque. On peut entendre par fait de guerre un acte d'hostilité directe intentionnelle, et l'incendie que l'ennemi allume autour de lui par imprudence ou par incurie peut bien ne pas être considéré comme tel. Mais la police ne dit pas « un incendie causé par un fait de guerre, » elle dit « *un incendie occasionné par guerre*, » ce qui n'est pas du tout la même chose. Les deux versions étaient possibles; chacune d'elles exprimait une pensée différente. La seconde était celle qui répondait bien évidemment au système général adopté par les Compagnies, et *à priori*, d'après les explications que nous avons données, leur choix, au moment de la rédaction du contrat, ne pouvait être douteux.

Eh bien! puisque nous sommes en présence de ce dernier texte, où peut être la difficulté? Est-il constant que les Prussiens ont été amenés dans cette maison, eux et leurs bêtes, par la guerre, rien que par la guerre; que c'est la guerre qui leur a permis d'envahir ce domicile et cette écurie, de s'y comporter en maîtres, de substituer leur autorité tyrannique et irresponsable à l'autorité vigilante de M. Chaillet? Cette occupation violente, est-ce le résultat de la guerre? La guerre n'est-elle pas, dès lors, l'occasion directe et prochaine de cet incendie? Enfin n'est-il pas rigoureusement exact de dire que, sans la guerre, cet incendie n'aurait pas eu lieu?

C'est justement cet état violent, anomal, menaçant, négation brutale de toutes les garanties ordinaires, ce souffle de dévastation qui sévit sur les pays livrés à l'invasion et sous lequel les incendies s'allument par milliers; ce sont, en un mot, les risques incalculables résultant de la guerre que les Compagnies ont entendu décliner dès les premiers mots de la police. Et ce sont pourtant ces mêmes risques qui ont donné naissance aux incendies qu'on prétend mettre à leur charge maintenant!

Il nous reste à examiner par quelle déduction logique ou spécieuse les magistrats de la Cour de Besançon ont consacré cette prétention, que nous croyons aussi contraire au texte de la police qu'à la commune intention des parties.

§ 4. — *Discussion de l'arrêt de Besançon.*

L'arrêt de la Cour de Besançon débute par un exposé de principes contre lequel nous n'avons absolument rien à dire. Nous admettons sans difficulté « que le contrat d'assurance « embrasse tous les risques non formellement exceptés ; — « que les exceptions doivent toujours s'interpréter restrictive- « ment ; » — « que la Compagnie est chargée de la preuve de « son exception. » — Quand l'arrêt ajoute « que la rédaction « des polices est l'œuvre personnelle des Compagnies, et « qu'elles sont tenues, comme le vendeur, suivant l'art. 1602 « du Code civil, d'expliquer clairement la portée de leurs obli- « gations, sous peine de voir interpréter contre elles toute « clause obscure ou ambiguë, » nous pourrions bien faire quelques réserves et protester contre la légitimité de l'analo- gie ; mais nous aimons mieux passer outre et ne pas discuter sur un point qui nous semble indifférent au débat actuel.

L'arrêt continue par ce considérant, qui contient tout le système dont le surplus de la sentence ne sera que le dévelop- pement :

« Considérant, du reste, que, dans l'intention des parties, « l'exception mentionnée à l'art. 2 de la police pour les incen- « dies occasionnés par la guerre n'a pu s'entendre que des « risques ayant pour cause directe un fait matériel de guerre, « un conflit quelconque entre belligérants, et non pas des évé- « nements qui, même accomplis pendant l'état de guerre, ne « sont pas le résultat d'opérations militaires. »

Ce considérant fait apparaître une distinction que rien ne nous annonçait dans la police.

Il est clair, à la simple lecture de ce considérant, que l'arrêt ne tient plus compte du texte ; il en fait bon marché ; il le trans- forme et le sacrifie à l'intention par lui présumée des parties. Il dit que « l'exception mentionnée à l'art. 2 de la police n'a pu « s'entendre que des risques ayant pour cause directe un fait « matériel de guerre. »

Or le texte de la police ne dit pas cela. Il dit tout uniment : « Les risques occasionnés par guerre, émeute... » et c'est fort différent.

Il y a assurément dans les « risques occasionnés par la « guerre » deux ordres de faits bien distincts, mais rentrant l'un et l'autre sous cette dénomination commune adoptée par la police : 1° les faits de guerre, les actes d'hostilité directe volontaire ; 2° les faits résultant de la guerre, n'existant que par elle et à cause d'elle, *occasionnés par elle*, et qui, sans elle, ne se seraient pas produits.

Pourquoi l'arrêt distingue-t-il là où la police n'a pas distingué ? Où sont l'ambiguïté et l'équivoque qui l'autorisent non pas à interpréter, mais à altérer le texte ? Est-ce que la clause, telle qu'elle est formulée, telle qu'elle s'interprète naturellement et d'elle-même, n'a pas un sens clair et parfaitement conforme à l'esprit général de la convention ? Or toute la théorie de l'arrêt est dans cette distinction. Jusqu'ici l'arrêt ne fait que l'affirmer. Voyons comment la suite de l'arrêt la justifie.

L'arrêt ajoute : « Que comprendre dans cette exception tout « sinistre se rattachant même indirectement à la guerre serait « lui donner une portée contraire aux prévisions de la clause « et à la volonté des parties. »

C'est encore la question par la question.

L'arrêt dit ensuite : « Que les articles 6, 7 et 8 de la police, « invoqués par la Compagnie et inapplicables à la cause, ont « pour objet de prescrire certaines formalités à l'assuré en cas « de changement volontaire permanent et de nature à aggraver « les risques ; — qu'on ne saurait les étendre à des modifica-« tions involontaires et accidentelles, notamment à l'augmen-« tation temporaire et forcée du nombre des habitants, étran-« gers ou non, se trouvant dans l'immeuble assuré. »

C'est vrai, ces dispositions sont inapplicables à l'espèce ; mais les Compagnies n'en ont pas besoin, puisqu'elles ont l'article 2. Seulement les articles 6, 7 et 8 montrent avec quel soin méticuleux les Compagnies, maîtresses de leurs droits apparemment et bien libres de ne s'engager qu'autant qu'elles le veulent, discutent la moindre circonstance de nature à aggraver la responsabilité, et, au risque, de rebuter leur assuré, stipulent autant de cas de résiliation et de décharge de garantie qu'il y a de changements dans le risque. Et l'on veut qu'*en cas de guerre*, quand il y a dans l'article 2 une clause formelle qui dit que tous les incendies *occasionnés par la guerre* sont exceptés des effets de l'assurance, cette clause *ne puisse être entendue* que pour la moindre catégorie de ces incendies !

S'il n'y avait, par l'état de guerre, d'autre aggravation de risque d'incendie que celle résultant des actes d'hostilité directe et volontaire, nous comprendrions ce que dit l'arrêt, que « l'ex- « ception mentionnée dans l'article 2 n'a pu s'entendre que de ceux-là. » Mais quand on voit, comme dans l'espèce, la ville occupée, les autorités françaises paralysées, les garanties de l'ordre social suspendues, les maisons envahies, la vigilance du maître impuissante et son pouvoir anéanti, et que l'incendie s'allume sur dix points à la fois, au sein de tous ces désordres, par le fait avéré des envahisseurs ; qu'il est évident, palpable et incontesté que ces incendies sont le résultat de la guerre, comment échapper à l'application si nette, si rationnelle, si explicite de la police qui a prévu et dû prévoir tout ce désordre pour échapper à des conséquences bien autrement redoutables que celles prévues par les articles 6, 7 et 8 ?

Est-ce sérieusement que l'arrêt assimile ces envahisseurs aux hôtes plus ou moins nombreux que les hasards ordinaires de la vie peuvent amener chez l'assuré et que son hospitalité lui fait accueillir sans pour cela déroger aux droits résultant de son assurance ? L'arrêt semble oublier que l'état de guerre est le fait dominant, topique et déterminant ; que c'est la guerre qui a amené les Prussiens à Ornans, chez M. Chaillet, non pas comme hôtes, mais comme maîtres et envahisseurs ; qu'il y a dans le fait de la guerre un fait spécial, considérable, de nature à justifier pour l'assurance une clause spéciale, et que cette clause existe, et que, loyalement souscrite, elle doit être loyalement maintenue.

Le reste de l'arrêt tend à établir que, si l'état de guerre était constant au moment où l'incendie a éclaté, rien ne prouve du moins que cet incendie soit dû à un fait de guerre volontaire ; que tout paraît établir, au contraire, que, si les Prussiens ont mis le feu à la maison de M. Chaillet ou plutôt à son écurie, ils l'ont fait sans intention, et qu'ils auraient bien pu en être victimes. C'est le développement de la théorie de l'arrêt, qui ne prétend laisser au compte de l'exception que les incendies résultant d'un acte direct d'hostilité.

Quant à nous, résumant ce que nous avons dit sous le précédent-paragraphe, nous déclarons :

Qu'il n'y a pas de distinction à faire là où la convention des parties n'a pas distingué ;

Que la clause est claire autant que logique et légitime ;

Qu'elle s'applique sans distinction aucune à tous les incendies occasionnés par la guerre ;

Et qu'il est impossible de ne pas reconnaître ce caractère à un incendie que nos ennemis ont allumé sur notre territoire, et qui, sans la guerre, ne se serait certainement pas produit.

§ 5. — *Situation particulière de plusieurs Compagnies.*

Il nous reste à examiner le complément du droit résultant, pour la majeure partie des Compagnies consultantes, de la rédaction encore plus explicite et plus formelle de leurs polices.

Nous avons jusqu'ici raisonné avec la seule police de la Compagnie du *Phénix*. La police des autres Compagnies est, dans la partie qui nous occupe, rédigée comme suit :

« *Art. 2. — La Compagnie ne répond pas des incendies occasionnés par guerre*, INVASION, *émeute*, FORCE MILITAIRE QUELCONQUE, *volcans ou tremblements de terre.* »

Il est manifeste que cette rédaction permet à ces Compagnies d'invoquer tous les arguments de fait et de droit que nous avons fait valoir au cours de ce travail ; mais elle leur en fournit en outre qui leur sont propres et qui les protégent efficacement, dans toutes les éventualités possibles, contre la rigoureuse application de l'arrêt que nous venons de réfuter.

En effet, dans ces polices, à côté du fait de guerre et distinctement de ce fait, on place le fait de l'*invasion*. On semble avoir prévu la théorie hasardée du rédacteur de l'arrêt, et on en a, par avance, rendu l'application impossible. Le mot guerre a semblé trop laconique. La guerre amène des faits de guerre, des actes d'hostilité directe, mais elle entraîne aussi un état particulier non moins menaçant pour les Compagnies d'assurances et qui se caractérise par un mot : l'*invasion*. C'est cet état particulier, créant des risques spéciaux d'incendie, que les Compagnies ont voulu, nommément, et en tant que de besoin, mettre en dehors de leur responsabilité. L'invasion, distincte du fait de guerre, est un état, une manière d'être propre à la guerre et qui livre momentanément notre territoire au pouvoir de l'envahisseur. Les fréquents incendies *occasionnés* par ce périlleux ordre de choses sont, en termes formels, exceptés par ces polices de la garantie promise par les Compagnies. Où peut être le doute après cela ?

Par qui l'incendie a-t-il été occasionné dans l'espèce qui nous occupe ? Si ce n'est pas par un fait direct de guerre, c'est incontestablement par les envahisseurs, c'est-à-dire par l'*invasion ;* par l'invasion qui a changé du tout au tout le régime habituel de la propriété, qui a multiplié les risques, anéanti les garanties ordinaires, et qui, pour ce motif même, a été, par la prévoyance des assureurs, expressément mise en dehors des cas de garantie.

Voyons d'ailleurs la suite de cette clause :

« *La Compagnie ne répond pas des incendies occasionnés par guerre, invasion, émeute,* FORCE MILITAIRE QUELCONQUE... »

L'incendie, dans l'espèce, a-t-il été occasionné par une force militaire ? — L'affirmative ne fait aucun doute. La question, dès lors, est définitivement jugée. C'est au moment où cette clause ainsi formulée a été soumise à la libre signature de l'assuré, que celui-ci aurait pu dire, avec les considérants de l'arrêt de Besançon : « *Qu'importent ces modifications involontaires et accidentelles, cette augmentation temporaire et forcée du nombre des habitants, étrangers ou non, se trouvant dans l'immeuble assuré ?* » Nous osons affirmer que, si une pareille objection s'était produite à un pareil moment, elle n'aurait point paru bien sérieuse ; que la Compagnie n'aurait eu aucune peine à y répondre ou à faire admettre que la différence était grande entre les hôtes de la guerre et de l'invasion et les hôtes des temps ordinaires. Dans tous les cas, bonne ou mauvaise, l'objection n'a pas été faite en temps utile ; la clause existe, elle est claire, elle est topique et doit être appliquée.

Nous croyons, sans aucune espèce d'hésitation, que la police de la Compagnie du *Phénix*, telle qu'elle est conçue, exonérait cette Compagnie de toute responsabilité pour l'espèce jugée par l'arrêt de la Cour de Besançon ; qu'elle doit l'exonérer, dans l'avenir, de toute responsabilité invoquée dans les mêmes con-

2

ditions et pour un pareil risque. Mais nous ne faisons aucune
difficulté d'affirmer que, même en présence de cet arrêt, et en
le tenant pour bon, les autres Compagnies devront exciper avec
succès des termes de leurs polices, qui sont conçues de manière
à ne plus laisser la moindre place au doute et à une double
interprétation.

§ 6. — Conclusion.

Au résumé, nous estimons :

1° Que l'arrêt de la Cour de Besançon contient une doctrine
contraire à la saine interprétation du contrat d'assurance dont
excipe la Compagnie du *Phénix*, et que cette doctrine ne doit
pas être suivie ;

2° Que le droit des autres Compagnies résiste *à fortiori*, et
par des arguments qui lui sont propres, à l'application de cette
doctrine ;

3° Que si la cause des assurés est généralement favorable, le
droit et la justice le sont à un titre bien supérieur, et que rien
n'est plus opportun, plus fécond et plus salutaire que le respect
inviolable des contrats loyalement consentis.

A. CHAMPETIER DE RIBES,

Avocat à la Cour d'appel de Paris, membre
du Conseil de l'Ordre.

ADHÉSIONS.

J'adhère, après mûr examen, à la consultation qui précède.

Je ne trouve pas, entre les deux formules de police indiquées
dans l'exposé des faits, des différences aussi sensibles que celles
qui semblent avoir frappé l'honorable auteur de la consultation.
Mais en me plaçant même en présence de la première formule,
celle de la Compagnie du *Phénix*, j'estime que la Compagnie
est couverte par l'exception qu'elle y a insérée : « La Compagnie ne répond pas des incendies *occasionnés par la guerre...* »

Si les faits rapportés en tête de la consultation sont exacts ;
si, au jour indiqué, la ville d'Ornans était au *pouvoir* des sol-

dats allemands ; si la maison et l'écurie du sieur Chaillet étaient *occupées* par eux et par leurs chevaux ; si c'est pendant cette occupation que l'incendie a éclaté, il m'est difficile de comprendre sur quel fondement on pourrait soutenir que la « *guerre* » n'a pas été au moins « *l'occasion* » du sinistre.

La pensée des honorables magistrats du tribunal de Besançon, en donnant aux experts la mission de « rechercher les causes de l'incendie, » a été sans doute que cet incendie pouvait avoir été allumé par d'autres que par les soldats étrangers. Je suppose cette preuve faite. Elle ne suffirait pas, à mes yeux, pour infirmer la portée de l'exception insérée dans la police. En effet, *imprudence, négligence* ou *malveillance,* quelle que soit la cause du sinistre, elle ne peut provenir que *d'un fait* dont la présence de l'ennemi, c'est-à-dire *la guerre,* aura été l'occasion.

La négligence, l'imprudence, la malveillance, ne peuvent être conjurées que par la surveillance de l'autorité locale, ou par la vigilance des habitants, et c'est justement la facilité, la possibilité de se défendre et de se protéger soi-même qui engendre la responsabilité du propriétaire, et, partant, la garantie due par l'assureur. Or, cette faculté n'existait plus, à l'époque indiquée, pour les habitants d'Ornans, notamment pour les sieurs Chaillet et Oudot. La *guerre* les avait dessaisis de leurs droits et avait rendu impossible l'accomplissement de leurs devoirs. C'est la guerre seule, c'est le fait et le droit de la guerre qui se substituait au droit, à l'action des habitants, et prenait à leur place la responsabilité des accidents qu'elle les rendait impuissants à empêcher.

Il faut remarquer que la police dont il s'agit ne dit pas : « incendies occasionnés par des *faits* de guerre, » ce qui *peut-être* en restreindrait le sens. Elle parle « *d'incendies occasionnés par la guerre,* » et elle comprend ainsi, dans la généralité de ses termes, tous les sinistres dont la guerre, avec toutes les aventures qu'elle comporte, est au moins la *cause prochaine.*

Or, il n'y a pas de résultat plus prochain de la guerre que la présence de l'ennemi dans une ville, l'occupation militaire d'une maison et la promiscuité forcée qui s'était établie, dans la maison de Chaillet, entre les habitants et les étrangers, comme, dans son écurie, entre ses bestiaux et les chevaux des

Prussiens. C'était la guerre elle-même, dans ses effets les plus immédiats, les plus prochains et les plus sensibles; c'était par conséquent la réalisation la plus claire de la précision écrite dans la police d'assurance.

Paris, 30 *juillet* 1871.

EDMOND ROUSSE,
Avocat à la Cour de Paris, bâtonnier de l'Ordre.

L'ancien bâtonnier soussigné adhère à la consultation qui précède.

La clause des polices d'assurance qui exclut les incendies *occasionnés par la guerre* n'a pas pour objet d'abriter seulement la responsabilité des Compagnies contre les risques résultant des *faits de guerre.*

La Cour de Besançon, à cet égard, s'est certainement méprise. Elle a pensé que, pendant la guerre, le contrat ne pouvait être suspendu entre les parties que par les faits résultant de la lutte elle-même, de la mêlée, du combat. Ce n'est pas là le sens de la clause. Les Compagnies écartent absolument *les incendies occasionnés par la guerre*, et là où se rencontrent l'envahissement du domicile par l'ennemi, l'occupation étrangère au lieu même du sinistre, toutes les garanties habituelles sur lesquelles les Compagnies ont le droit de compter venant à disparaître, elles cessent d'être responsables.

Voilà ce qu'elles ont voulu dire et ce qu'elles disent, en écartant, dans les termes les plus généraux qu'il soit possible d'imaginer, les risques résultant de la guerre.

Paris, 1ᵉʳ *août* 1871.

E. ALLOU,
Docteur en Droit, ancien bâtonnier.

TRIBUNAL CIVIL DE BRIEY.

Audience consulaire du 28 juillet 1871.

SINISTRE DE GUERRE ET D'INVASION. — MAISON OCCUPÉE PAR L'ENNEMI. — PRÉSOMPTION EN FAVEUR DE L'ASSUREUR. — PREUVE A LA CHARGE DE L'ASSURÉ.

La clause des polices par laquelle les Compagnies d'assurances contre l'incendie déclarent qu'elles ne répondent pas des incendies occasionnés par guerre, invasion, force militaire quelconque, etc., doit s'entendre tout aussi bien des incendies provenant du fait de l'invasion et de l'occupation d'une maison par l'ennemi à titre de logement, que des incendies ayant pour cause directe un fait matériel de guerre, un conflit quelconque entre belligérants.

En cas d'incendie d'une maison envahie et occupée par des soldats ennemis, la présomption est qu'elle a péri par le fait du risque le plus grave, celui résultant de l'invasion et de l'occupation, et que, par suite, l'assureur n'a pas à répondre de sa ruine.

Cette présomption, toutefois, peut être combattue par la preuve contraire : ainsi le propriétaire et le locataire peuvent demander et doivent être admis à prouver que le risque extraordinaire d'invasion et d'occupation n'est pour rien dans la cause de l'incendie, et qu'il provient de l'une des causes ordinaires dont l'assureur répond, et spécialement qu'il a pris naissance dans un corps de logis autre que celui occupé par l'ennemi.

FAITS.

Suivant police du 8 janvier 1862, la Compagnie d'assurances générales assurait contre l'incendie, au profit d'un sieur Marchal, fermier, des récoltes renfermées dans une maison sise à Moineville, canton de Briey, et appartenant à la veuve Tabouret.

Lors de l'invasion des armées allemandes, la commune de Moineville fut occupée une des premières par l'ennemi. Un certain nombre de soldats allemands s'installèrent, notamment, dans la maison où se trouvaient les récoltes du sieur Marchal.

C'est en cet état qu'à la date du 27 septembre 1870, un incendie s'est déclaré dans ladite maison et a dévoré les récoltes y renfermées.

Le sieur Marchal en réclame l'indemnité à la Compagnie d'assurances générales, en même temps que la veuve Tabouret réclame à la *Nationale*, son assureur, l'indemnité des dégâts causés à l'immeuble.

Devant le Tribunal civil de Briey, séant en audience commerciale, la Compagnie d'assurances générales oppose à la demande du sieur Marchal l'art. 2, § 2, des conditions imprimées de sa police, d'après lequel « la Compagnie ne répond pas des incendies occasionnés par guerre, invasion, force militaire quelconque..... » Elle soutient que la maison, étant occupée tout entière par l'ennemi en vertu des lois de la guerre, c'est-à-dire en vertu du droit du plus fort, s'est trouvée, par cela même, soumise au risque que cet article a formellement exclu de sa responsabilité, et qu'ainsi l'assureur est déchargé de toute obligation de garantie. Subsidiairement, elle prétend que, par suite de l'occupation ennemie, qui a ajouté aux risques ordinaires d'incendie, seuls couverts par l'assurance, un surcroît considérable de risques exceptionnels, exclus comme tels de sa garantie, il y a présomption que l'incendie provient de ces derniers risques, beaucoup plus graves, et que, dès lors, l'assuré ne peut réclamer indemnité qu'à la condition de détruire cette présomption en prouvant que l'incendie, tout à fait étranger à l'occupation, provient d'un des risques ordinaires que l'assurance garantit. Cette preuve n'étant pas faite ni même offerte dans l'espèce, il y avait lieu de rejeter la demande du sieur Marchal.

Cet assuré a alors offert de prouver que l'incendie avait pris naissance dans une portion du bâtiment que l'ennemi n'avait jamais occupée, et qu'il était, de la sorte, entièrement indépendant de l'occupation.

Dans cet état de la cause, le Tribunal a rendu le jugement suivant :

JUGEMENT.

Le Tribunal ; — Considérant que, par police du 8 janvier 1862, enregistrée..., la Compagnie d'assurances générales a assuré contre l'incendie, au sieur Marchal, 2,250 fr. sur denrées battues et non battues, foin et paille renfermés dans plusieurs maisons, dont l'une appartenant alors à la veuve Tabouret ; que cette maison et les récoltes qu'elle pouvait renfermer ont été détruites par le feu le 27 septembre 1870 ; que la maison était alors occupée par Marchal et des soldats allemands ;

Considérant que la Compagnie d'assurances générales, assignée par Marchal en payement de 1,927 fr. 50 c., excipe de l'article 2 de la police d'assurances, aux termes duquel « elle ne répond pas des incendies occasionnés par guerre, invasion, émeute, force militaire quelconque, volcans et tremblements de terre ; » qu'en vertu de cette clause, elle soutient n'être responsable d'aucun sinistre survenu pendant l'invasion, le contrat d'assurances étant, suivant elle, suspendu tant qu'elle existe ;

Considérant que cette prétention est inadmissible ; que la Compagnie *la Générale*, par l'article 2 de la police, n'a exclu de sa responsabilité que les incendies causés par l'invasion, et non ceux survenus pendant le même temps par des causes rentrant dans les prévisions des parties contractantes ; que son obligation de garantie n'est pas dégagée de la manière absolue qu'elle prétend ; mais qu'elle peut établir qu'elle se trouve dans un des cas d'exception prévus par l'article 2 de la police, à l'aide de tous moyens de droit, même de présomptions ;

Considérant que le fait de l'invasion et de l'occupation d'une maison par des soldats ennemis constitue, pour cet immeuble, des risques considérables d'incendie, plus graves que ceux qui résultent de l'habitation du propriétaire ou de son locataire, intéressés à la conservation de la chose ;

Considérant que l'immeuble a péri pendant qu'il était soumis aux risques ordinaires et aux risques extraordinaires résultant de l'invasion et de l'occupation ennemie ; qu'il est présumé avoir péri par le fait des risques les plus graves et jugés tels par les parties elles-mêmes, qui les ont exclus de leur contrat ; que cette présomption peut être combattue par la preuve contraire ;

Considérant que les faits articulés par Marchal sont pertinents et admissibles ;

Par ces motifs, jugeant commercialement et en premier ressort, admet Marchal à prouver par témoins, à l'audience du mercredi 16 août 1871 : que l'incendie survenu le 27 septembre dernier, et qui a détruit la maison Tabouret et les récoltes du demandeur, n'a pas été occasionné par un fait de guerre et n'est pas le résultat de l'invasion ; que la maison Tabouret était composée d'un corps de logis et d'une grange ; que c'est l'écurie et seulement une partie de la grange qui étaient occupées par des dragons prussiens, et que le feu a pris, au contraire, dans l'autre partie de la maison, c'est-à-dire dans le corps de logis ; — Sauf la preuve contraire ; — Réserve les dépens.

Nota. — Un jugement semblable a été rendu, le même jour, par le même Tribunal, sur la demande de la veuve Tabouret contre la *Nationale*.

OBSERVATIONS.

Nous sommes heureux de pouvoir publier cet important document judiciaire comme appendice à la Consultation si remarquable des trois honorables avocats à la Cour de Paris, dont il confirme toutes les appréciations. Rien ne nous paraît plus propre à éclairer la route et à préparer l'avénement de la jurisprudence définitive qui doit s'établir sur ces graves questions.

Laquelle des deux solutions convient-il de préférer? — Est-ce la solution de l'arrêt de Besançon, que Me Allou déclare ne pouvoir s'expliquer que par une « méprise » de la Cour? — Est-ce, au contraire, celle recommandée dans la Consultation et consacrée par le Tribunal de Briey?

La Cour de Besançon, mettant de côté le texte des polices et alléguant une prétendue volonté des parties qui n'a rien de réel, qui est bien plutôt le contraire de leur volonté manifeste, imagine de distinguer entre les incendies ayant pour cause un fait matériel de guerre et les incendies résultant de la simple occupation des lieux par l'ennemi, et elle déclare les Compagnies indéfiniment responsables de ces derniers sinistres, n'admettant leur irresponsabilité qu'à l'égard des premiers ; de telle sorte que, là où les parties ont écrit en termes absolus : « La Compagnie ne répond pas des sinistres de guerre ou d'invasion, » la Cour arrive, sous couleur d'interprétation d'intention, à substituer d'autorité ceci : « La Compagnie répondra de la majeure portion de ces sinistres. » — Le Tribunal de Briey estime, au contraire, qu'il est impossible, surtout au point de vue particulier de l'assurance, de ne pas voir dans l'invasion et l'occupation des faits de guerre, et même des faits de guerre de l'espèce la plus dangereuse pour les assureurs ; que ceux-ci n'ont donc pu avoir aucune bonne raison d'en prendre les risques sous leur garantie ; qu'ils ont eu bien plutôt, pour en décliner la responsabilité, toute sorte d'excellents motifs, les mêmes précisément que ceux qui leur ont fait exclure de leur garantie les sinistres occasionnés par des faits matériels de guerre, au sens limité où les entend la Cour de Besançon ; que, dès lors, quand on a écrit dans le contrat : « La Compagnie ne répond pas des incendies occasionnés par guerre ou invasion, » on a eu incontestablement en vue d'exclure de l'assurance aussi bien l'une que l'autre de ces deux catégories de sinistres ; que, par suite de cette exclusion, la Compagnie a fixé ses primes sans aucun égard à ces risques, et que l'assuré, dès lors, est sans droit à réclamer de ce chef une garantie qu'il n'a pas payée et qu'*avant la guerre* il n'aurait certainement pas voulu payer si on la lui eût offerte, moyennant un fort supplément de prime, comme de raison : partant de là, le Tribunal de Briey repousse la distinction de l'arrêt de Besançon et décide que, d'après la volonté non équivoque des parties comme d'après le texte des polices, il y a lieu d'appliquer l'exclusion stipulée aux incendies d'occupation tout autant qu'à ceux provenant des autres faits quelconques de guerre.

La Cour de Besançon, pour essayer de colorer sa distinction, est réduite à dire de l'invasion et l'occupation brutale d'une maison par l'ennemi en armes, en temps de guerre et en vertu du droit du plus fort, qu'elle n'est que « l'augmentation tempo« raire et forcée du nombre des habitants, étrangers ou non, « se trouvant dans l'immeuble assuré!... » C'est, en vérité, faire à la réalité des faits la même violence que l'on faisait tout à l'heure au texte des polices. — Le Tribunal de Briey, qui a eu sur la Cour de Besançon le triste avantage de vivre au sein de l'invasion depuis les premiers temps de la guerre, et qui est ainsi plus à même de connaître les périls comme les douleurs de l'occupation des envahisseurs, répond, avec toute

l'autorité d'une longue et cruelle expérience : « que le fait de
« l'invasion et de l'occupation d'une maison par des soldats
« ennemis constitue, pour cet immeuble, DES RISQUES CONSI-
« DÉRABLES D'INCENDIE, plus graves que ceux qui résultent de
« l'habitation du propriétaire ou de son locataire, intéressés à
« la conservation de la chose; » que ce fait d'invasion et d'occupation engendre, à côté et en dehors des *risques ordinaires
d'incendie*, que la Compagnie a seuls voulu garantir et pour
lesquels seuls l'assuré a payé et entendu payer une prime, un
RISQUE EXTRAORDINAIRE PLUS GRAVE, *jugé tel par les parties
elles-mêmes*, mais heureusement plus rare, et qu'elles ont, pour
ces motifs, exclu de leur contrat. Est-ce qu'on ne sent pas que
c'est là, à la fois, la vérité du fait et la vérité du droit?

Enfin la Cour de Besançon veut que, demanderesses dans
leur exception, les Compagnies soient tenues, en toute circonstance, de prouver directement que l'incendie a été causé par
un fait matériel de guerre ou bien volontairement allumé par
l'ennemi, en dehors de tout combat, sous peine d'en être responsables. C'est vraiment acculer les Compagnies, dans la
plupart des cas, à une impossibilité, et les exposer ainsi en fait
à payer, faute d'une preuve qu'elles ne pourront presque jamais administrer, une bonne partie des sinistres mêmes dont
la Cour admet en principe qu'elles n'ont pas voulu répondre.
— Pénétré d'un égal respect pour les règles du droit, mais plus
soucieux de la nature spéciale des circonstances et des exigences
de l'équité, le Tribunal de Briey déclare qu'il suffira aux Compagnies d'établir soit le fait d'un combat sur les lieux, soit le
fait de l'occupation de la maison par l'ennemi au moment de
l'incendie; que, ce fait une fois constant, il en résultera en faveur des Compagnies LA PRÉSOMPTION que la maison, soumise
en même temps aux risques ordinaires et aux risques extraordinaires d'incendie, a péri par le fait du risque le plus grave,
c'est-à-dire le risque de guerre ou d'invasion, et que cette *présomption*, qui jaillit des entrailles mêmes de la situation et
s'impose irrésistiblement à l'esprit, sera suffisante pour per-
mettre aux Compagnies d'opposer victorieusement leur exception et de s'y abriter contre toute demande d'indemnité; que,
sans doute, cette présomption pourra être combattue par la
preuve contraire; qu'ainsi l'assuré (de qui ce n'est pas trop

exiger, puisqu'ayant été sur les lieux, il a pour cela tous les moyens possibles à sa disposition) sera admissible à prouver qu'en dépit de la coexistence du risque ordinaire et du risque extraordinaire d'incendie, la maison a péri en réalité par le seul fait du risque ordinaire, vice de construction, foudre, faute d'un des siens, etc. ; que, si cette preuve est rapportée par l'assuré, la Compagnie, cessant d'être protégée par la présomption, doit incontestablement répondre du sinistre, comme dans les cas ordinaires, sans égard au fait exceptionnel, démontré dès lors indifférent, de la guerre et de l'invasion ; mais qu'à défaut par l'assuré de faire cette preuve, la présomption protectrice de l'exception des Compagnies conserve son plein empire et doit la faire triompher. C'est exactement ce qui est soutenu dans la Consultation des trois honorables avocats à la Cour de Paris.

Entre ces deux doctrines, il n'est pas, suivant nous, possible d'hésiter un seul instant. — L'une, s'inspirant d'une naturelle et saine appréciation des circonstances toutes spéciales prévues par le contrat, est la formule même de la raison et du droit, dans ce qu'ils ont de plus saisissant et de plus incontestable. — L'autre, ne tenant compte de rien, méconnaissant tout autant l'esprit réel que le texte positif des polices, semble n'avoir d'autre fondement que l'arbitraire, dans toute sa crudité.

Ce n'est pas, tant s'en faut, que nous méconnaissions la faveur due à l'intérêt des assurés! Mais cette faveur même doit avoir une limite, et son influence cesse d'être légitime au point où elle dégénérerait en excès et en injustice contre les Compagnies.

Que parlons-nous, d'ailleurs, de l'intérêt des assurés! Il n'est point ici en cause. On n'a pu manquer de suivre, avec une patriotique émotion, les derniers et tout récents débats législatifs sur le projet de loi d'indemnité en faveur des départements envahis, et chacun sait que l'Assemblée nationale, d'accord avec le Gouvernement, doit *dédommager*, après enquête, « tous ceux qui ont subi, pendant l'invasion, des dommages matériels, » et que même une somme de cent millions est dès à présent votée pour être répartie immédiatement entre les victimes les plus nécessiteuses de la guerre. « Considérant, « est-il dit dans le préambule du projet de loi, que, dans la

« dernière guerre, la partie du territoire envahie par l'ennemi
« a supporté des charges et subi des dévastations sans nombre ;
« que les sentiments de nationalité qui sont dans le cœur de
« tous les Français imposent à l'État l'OBLIGATION de dédom-
« mager ceux qu'ont frappés, dans la lutte commune, ces pertes
« exceptionnelles... » (*Journal officiel* du 9 août 1871.) Tous
les incendiés, soit par fait matériel de guerre, soit par fait d'occupation, seront donc, en vertu de cette résolution solennelle
qui sera demain une loi de l'État, indistinctement dédommagés
sur les fonds du trésor public ; M. Albert Grévy, rapporteur
de la Commission, a lui-même, par deux fois, spécialement,
mentionné les incendies de guerre et d'invasion parmi les
désastres sans nombre à réparer (*Journal officiel* du 5 août,
pages 2454, 1re col., et 2455, 3e col.). Et pour cela, remarquons-le en passant, car la Cour de Besançon a paru s'y mé-
prendre encore ou l'oublier, il ne faut rien moins que le bud-
get de l'État. L'intérêt des assurés est donc sauf en toute
hypothèse, et il faut le mettre complétement de côté dans les
discussions qui peuvent s'élever, à l'occasion des sinistres d'invasion et de guerre, entre eux et leurs assureurs.

Or, si l'on écarte cet élément, toujours trop prépondérant et
par là dangereux en pareil cas, on arrivera tout naturellement
à reconnaître, avec le Tribunal de Briey, que les Compagnies
ont incontestablement entendu s'affranchir, par leurs polices,
non-seulement des sinistres occasionnés par des faits matériels
de guerre, mais aussi des sinistres non moins redoutables
provenant de l'invasion et de l'occupation ennemie, qui sont
aussi des faits de guerre. Et alors la solution définitive à
recommander à la justice pourra se formuler ainsi :

— Faire payer aux Compagnies, en cas de guerre ou d'occupation, tous les sinistres sans exception, quand l'assuré
prouvera, à l'encontre de la présomption existante, qu'ils proviennent non de ces causes exceptionnelles et plus graves re-
poussées par la police, mais bien d'une des causes ordinaires
dont les Compagnies ont accepté la garantie : car il ne faut pas
que l'invasion profite aux Compagnies ;

— Mais il ne faut pas non plus qu'elle leur nuise : en conséquence, toutes les fois que la preuve ci-dessus ne sera pas
faite par l'assuré, exonérer sans hésitation les Compagnies de

toute responsabilité, conformément à la stipulation précise et formelle des polices, et renvoyer les assurés à faire valoir leurs droits auprès de l'État.

C'est la doctrine du jugement du Tribunal de Briey. Elle mérite de servir de fondement et de règle à toute la jurisprudence ultérieure.

GAUTÉ (du Gers).

Paris, 10 août 1871.

TRIBUNAL CIVIL DE LA SEINE (1ʳᵉ chambre).

Présidence de M. Chevillote.

Audience du 18 juillet 1871.

SINISTRE DE GUERRE. — INCENDIE DE BATIMENTS OCCUPÉS PAR L'ENNEMI. — EXPERTISE.

La nomination des experts à l'effet de donner leur avis sur l'étendue du dommage causé par le sinistre, d'évaluer l'importance des bâtiments et du mobilier épargnés par l'incendie, est une mesure provisoire qui ne préjuge en rien la question du fond.

MAITRE C. LE PHÉNIX, LA FRANCE ET L'ABEILLE.

Dans la nuit du 25 novembre 1870, la propriété habitée par M. Achille Maître, maire de la ville de Châtillon-sur-Seine, et connue sous le nom de Château de Châtillon, a été incendiée en grande partie avec le mobilier qu'elle contenait.

M. Maître s'empressa de faire la déclaration de ce sinistre à M. le juge de paix de Châtillon en évaluant provisoirement l'importance du sinistre à 205,000 fr., savoir : 110,000 fr. pour les constructions, et 95,000 fr. pour le mobilier.

Le château était ainsi que le mobilier assuré aux trois Compagnies *la France*, *le Phénix*, *l'Abeille*, chacune pour un tiers, l'immeuble pour 150,000 fr., le mobilier pour 105,000 fr.

Aux réclamations qui leur furent adressées, les Compagnies prétendirent dégager leur responsabilité, en alléguant qu'il y avait là un fait de guerre.

M. Maître prétend, au contraire, que si, à la vérité, dans les premiers moments, le bruit a couru et s'est propagé que l'incendie avait été allumé par les troupes allemandes à titre de représailles, il n'a pas tardé à être démontré, et il est aujourd'hui constant et notoire que le sinistre est dû à des causes accidentelles, et que les soldats allemands y sont absolument étrangers ; qu'en effet, dans la nuit du sinistre et depuis la veille au matin, le château qui est isolé dans un grand parc, n'était plus occupé par les Allemands, qui y avaient seulement laissé quelques blessés dans une salle convertie en ambulance ; que ces blessés, surpris dans leurs lits par les progrès de l'incendie, n'ont été sauvés des flammes qu'avec grand'peine ; qu'enfin, les soldats allemands, accourus aux cris d'alarme, ont eux-mêmes contribué à éteindre l'incendie, ce qui rendrait absurde l'hypothèse d'un incendie volontaire de leur part.

M. Maître avait assigné chacune des trois Compagnies en paiement de sa quote-part, soit 68,333 fr. 30 c., puis, par des conclusions nouvelles, il avait demandé au Tribunal de nommer des experts à l'effet de visiter la propriété incendiée, de donner leur avis sur l'étendue du dommage causé, et d'évaluer l'importance des bâtiments assurés non atteints, celle du mobilier sauvé et celle des matériaux susceptibles d'être utilisés.

La Compagnie *la France*, par l'organe de M⁰ Rivière, avocat, s'opposait à l'expertise demandée en soutenant que la cause de l'incendie provenait d'un fait de guerre, et que la mesure demandée engageait le fond du procès.

M⁰ Champetier de Ribes, avocat de la Compagnie *l'Abeille*, et M⁰ Ballot, avocat de la Compagnie *le Phénix*, ont déclaré ne pas s'opposer à l'expertise, réservant tous leurs moyens pour le fond du débat.

Le Tribunal, après avoir entendu M. l'avocat de la République Onfroy de Bréville, a rendu le jugement avant faire droit suivant :

« Le Tribunal,

« Attendu que la mesure demandée par Maître ne préjudicie pas aux droits des parties ;

« Qu'elle est acceptée par les Compagnies *l'Abeille* et *le Phénix*, et laisse entiers les droits et moyens de la Compagnie *la France* ;

« Qu'il ne s'agit actuellement que de statuer sur une mesure provisoire qui ne préjuge en rien la question du fond ;

« Par ces motifs,

« Avant faire droit, ordonne que, par André, Bournichon, Collot, experts, lesquels prêteront serment, s'ils n'en sont dispensés par les parties, les lieux seront visités à l'effet de donner leur avis sur l'étendue du dommage causé à Maître, tant par l'incendie des constructions que par celui du mobilier, d'évaluer l'importance des bâtiments épargnés par l'incendie, ainsi que l'importance du mobilier sauvé et des matériaux susceptibles d'être utilisés à la reconstruction, de rechercher et de préciser sur le vu seul des lieux, et sans autre information que celle des lieux mêmes, l'endroit où l'incendie a éclaté, et s'il résulte de l'examen des lieux que le feu a couvé un certain temps, ou qu'il a été subi ; tous droits, moyens et dépens réservés.

TRIBUNAL CIVIL DU MANS.

Sinistre de guerre et d'invasion. — Batiment occupé par l'ennemi. — Changement de destination. — Preuve offerte par l'assureur.

L'occupation d'un bâtiment par l'ennemi constitue une aggravation de risque, dont la Compagnie n'a pas à répondre, parce qu'elle ne l'a pas garanti.

La Compagnie doit être admise à prouver les faits qu'elle articule relativement à l'occupation, pour dégager sa responsabilité (1).

---

(1) Voir *Journal des Assurances*, livraison de Janvier 1871, page 20.

Ligneul C. Comp^e du Soleil.

Le Tribunal :

« Considerant qu'à la date du 1er mars 1870, Ligneul, en sa qualité de propriétaire, commissionnaire et adjudicataire, a fait assurer, tant pour son compte que pour le compte de qui il appartiendrait, des grains, farines, graines de toute espèce et autres objets mobiliers existant ou pouvant exister dans l'ensemble des bâtiments comprenant la halle aux blés du Mans, construite en pierres et couverte en ardoises, moyennant une prime simple de 0 fr. 80 cent. pour 1,000.fr., la halle ne se trouvant, d'après la déclaration de l'assuré, dans aucune des conditions prévues par le contrat, qui sont de nature à augmenter les risques : Que dans la nuit du 19 au 20 janvier dernier, pendant l'occupation de la ville du Mans par l'armée Allemande, un incendie a éclaté dans les caves de la halle et que les marchandises, qui y étaient déposées, ont été détruites en partie;

« Considérant que pour établir qu'elle n'a pas à répondre de ce sinistre, la Compagnie articule des faits desquels il résulterait, s'ils étaient prouvés, qu'aussitôt après l'invasion de la ville du Mans, qui a eu lieu le 12 janvier, les bâtiments de la halle ont été occupés militairement par l'ennemi, qu'au moment du sinistre les troupes prussiennes y campaient avec de l'artillerie, y faisaient des feux, en écartaient le public, et que c'est par leur imprudence que le sinistre a eu lieu; qu'ainsi, d'après l'articulation, la destination du bâtiment renfermant des marchandises assurées aurait été changée; qu'une halle aurait été convertie en bivouac, que des feux auraient été allumés dans des endroits qui ne sont pas destinés à cet usage, que ces changements auraient été de nature à augmenter les risques et auraient effectivement causé l'incendie; qu'il s'agit de rechercher quelle doit être l'influence de ces faits en les supposant établis, sur la solution du procès;

« Considérant d'une part qu'il résulte de l'article 2 du contrat et qu'il est reconnu que la Compagnie n'a pas assuré Ligneul contre les incendies qui seraient causés par des faits de guerre;

« Considérant d'autre part, qu'il résulte de l'ensemble des articles 1, 5, 10 et 13 du même contrat, qu'en conséquence de la nature des déclarations faites par Ligneul au moment de la convention, la Compagnie n'a garanti que les risques simples mentionnés et spécifiés dans les conditions manuscrites de la police et seuls soumis à l'assurance et qu'il a été convenu que dans le cas où il serait plus tard apporté à la destination des bâtiments renfermant les objets assurés, des changements de nature à aggraver les risques, Ligneul serait tenu d'en faire la déclaration et que la Compagnie aurait le droit ou d'augmenter la prime ou même de résilier le contrat ;

« Considérant que s'il est vrai, comme la Compagnie offre de le prouver, que la halle ait été, pendant l'occupation du Mans, transformée en bivouac par le fait de l'ennemi et que l'incendie ait été le résultat de ce changement, il résulte de ce qui précède que cette modification a constitué un fait de guerre dont la Compagnie ne répond pas, ou que du moins il résulte de ce changement dans la destination de l'immeuble renfermant des objets assurés, une aggravation de risque dont pareillement la Compagnie n'a pas à répondre parce qu'elle ne l'a pas garanti, faute d'avoir été mise, par une déclaration de l'assuré, en demeure ou d'augmenter la prime ou, comme c'était son droit, de résilier le contrat.

« Que les faits articulés sont donc concluants et qu'il y a lieu d'en ordonner la preuve.

« Par ces motifs :

« Avant faire droit, admet la Compagnie d'assurances *le Soleil* à faire preuve, en la forme ordinaire, tant par titres que par témoins , devant M. Deschamps, juge que le Tribunal commet à cet effet, des faits par elle articulés, savoir :

1° Le 12 janvier 1871, l'armée allemande a de vive force occupé Le Mans ;

2° Qu'immédiatement elle a occupé militairement la place et la halle aux blés, sans que le public puisse pénétrer dans la halle, que les soldats y campaient et y faisaient des feux ; que cet état de choses existait le jour de l'incendie ;

3° Que les soupiraux des magasins sont placés intérieurement ;

4° Que les soldats allemands sont les auteurs de l'incendie ;

5° Que, pendant l'occupation de la halle par les troupes allemandes et notamment le jour de l'incendie, M. Ligneul n'avait pas préposé à la garde et à la surveillance de la halle le concierge qui lui est imposé par son cahier de charges.

« Réserve à Ligneul la preuve contraire. »

Le jugement du Tribunal du Mans vient éclairer encore cette question nouvelle en matière d'assurances.

En dehors de la question de la preuve ; il admet en principe :

1° Que la Compagnie est déchargée de toute responsabilité, par suite de la clause de la police qui exclut les sinistres occasionnés par la guerre et l'invasion ,

Et, 2° Qu'il y a eu un changement de destination de l'immeuble qui forme une aggravation de risques, et qu'à ce second point de vue, la Compagnie d'assurances n'a pas à répondre de pareils risques, parce qu'elle ne les a pas garantis.

Les jugements que nous venons de citer, ainsi que les consultations , adhésions et observations de MM. Champetier de Ribes, Rousse, Allou et Gauté (du Gers), sont en désaccord complet avec l'arrêt de la Cour de Besançon qui a, bien évidemment, mal interprété la clause de la police et l'intention des parties au moment de la convention.

Cet arrêt a eu surtout en vue l'intérêt des incendiés qui est certainement très-respectable, mais il y a quelque chose de plus sacré encore, c'est le respect des conventions.

BADON-PASCAL.

Au moment de mettre sous presse, nous apprenons que le Tribunal de Briey, à la date du 17 août 1871, après l'enquête ordonnée par le jugement ci-dessus indiqué, vient de rendre un jugement définitif, par lequel les héritiers Tabouret ont été déboutés de leur demande, attendu qu'il était certain que le feu avait pris naissance dans un grenier au-dessus de la chambre à four ; que ce grenier servait pour y mettre les fourrages, et que les soldats allemands étaient libres d'aller et venir dans la maison et notamment dans les greniers pour y prendre les fourrages nécessaires à l'alimentation de leurs chevaux.

Nous publierons dans notre prochain numéro le jugement in extenso.